나만
아는
나를 그린다

# 금을 밟고 서 있다

몽금 처음 시집

금을 밟고 서 있다
ⓒ정몽금

발행일  2022년 11월 28일
글/그림/편집/표지디자인  정몽금
인스타그램  @ jinog 2888
전자우편  galaxyjung@naver.com

발행처  인디펍
발행인  민승원
출판등록  2019년 1월 28일 제2019-8호
주소  61180 광주광역시 북구 용주로 40번길 7 (용봉동)
전자우편  cs@indiepub.kr
대표전화  070-8848-8004
팩스  0303-3444-7982

정가  12,000원
ISBN  979-11-6756-181-7 (03810)
이 책은 저작권법에 따라 보호받는 저작물이므로 무단 전재와 복제를 금합니다.

# 금을 밟고 서 있다

몽금

처음

시집

## 시인의 말

가슴속의 단어들이 둥둥 떠다니다
우연히 잠자리채에 잡히듯
그렇게 시작이 되었습니다.
마음을 보다 보니
내가 보이고
나를 그리다 보니
그림이 되었습니다.
시로 그림을 그려봅니다.
나를 그리고 삶을 그려봅니다.

마음의 모닥불을 피워가며
텐트를 이끌어 주신 수수님과 텐트 1기 샘들,
그리고 한결같은 마음으로
지지해 준 박홍수 씨와 재연, 도연,
감사의 마음을 전하며
사랑하는 어머니께 이 시집을 바칩니다.

2022년 늦가을에
정몽금

## 차례

### 제1부

오늘지는해   16
이기적인 오늘   17
세월   18
나이   19
길   20
시   21
안경   22
찰싹   23
때   24
노숙인   25
마음1   26
마음2   27
심장   28
밤   29
오늘밤만은   30
말의 죄   31
취해 봄   32
산넘어 남촌에서 온   33
그리움   34
아침에 뜬 오리온 별자리   35
바람   36
별과 나   37

불면증　38
보통의 밤　39
수취인 불명　40
한때 눈　41
눈이 옵니다　42
설거지　44
화장실 청소를 하다보니　45
똥　46
고구마　47
공사 중입니다　48
한숨 자요　49
미꾸라지 같은 자아　50
나만　51
등급　52
달과 나　53
핑계　54
자식　55
안개　56
싱크홀　57

## 제2부

나의 길  60
엄마에게 우리는  61
매순간 내가  62
창아리 없는 년  63
벗은 몸  64
삶이  66
내뒤에 있어라  67
나의 선택이 아니다  68
목이 말라  69
양말  70
흔들거림에 대하여  71
그날이 그날인가?  72
이유  73
지하철 2 호선  74
청량리  75
그때 왜 나는 같이 울지 않았을까?  76
모순덩어리  77
나는 매일 죽고 매일 산다  78
초대장  79
등나무  80
일기  81
갈대의 한마디  82
9월어느날  83

주례사  84

책의 순기능 중의 하나  85

선인장  86

그리다  87

돌덩이  88

나무  89

늙은 발  90

친구  91

이리도 좋구나  92

물레방아  93

그녀, 고모  94

서해 바다  96

당신의 손  98

정년 퇴임식  99

김모씨의 사연  100

저기 저 일꾼을 보세요  101

한때는  102

삶  103

동화  104

## 제3부

사치   108
행운   109
신앙   110
믿을수록 의심의 겨자씨는 크다   111
사막   112
기도1   113
믿음이 나를 자유롭게   114
기적의 조건   115
기적   116
기도2   118
본능의 기도   119
나도 그런 사람이고 싶은데   122
용기   123
신도 어느밤은 너무 깊어 늦잠을 잘 때도 있을 것이다   124
금을 밟고 서 있다   126
4월은   127
잔의 운명은 잔인하다   128
해는 넘어갔다   129
검바위 함박골에서   130
안부   134
할 수 있는 것들에 대하여   135
한끗차이   136
큰소리 떵떵   137

# 제 1 부

## 오늘 지는 해

오늘 지는 해는
서해 아파트 109동 18층
가장 왼쪽 베란다 큰 창
오롯이
딱
네모난 상자 속에 머물고 있다

집주인도 모르는
해와 나만 아는 비밀
오늘 지는 해는
그 집에 들러
잠시 쉬고 넘어간다

오늘 뜨는 달은
어느 창에서 머물려나
창문을 열어 놓아야겠다

## 이기적인 오늘

오늘은 니가 이겼다
내가 정한 오늘이 아니라
오늘이 정한 나
그래
오늘은 니가 이겼다

내일 보자

## 세월

세월이 묵묵히
손을 잡아주었습니다.

나도 토닥토닥
세월을 안아주었습니다.

세월도
나도
함께라
외롭지 않습니다

# 나이

일부러
늙은 것도 아닌데
세월을
새치기 한 것도 아닌데
반백년
후딱

# 길

혼자가는 길이 외로우면
둘이가는 길도 외롭고
혼자가는 길이 즐거우면
둘이가는 길은 더 즐겁다

# 시

시를 쓴다는 것은
마음을 살피는 것

켜켜이 쌓인 먼지를 털고
묵은 일기장을 찾아
바랜 종이 위에
꾹꾹 눌러쓴 나를
안아주는 것

누우런 기억이
바스락바스락 소리를 내면
어느 시간 속
툭! 떨어진
여린 씨가 자라나
마음이 초록으로 물드는 것

그리하여
초록 피가 흐르고
초록 잎이 정수리에 돋아나면
작은 새들도 쉬어가는 나무가 되는 것

# 안경

얼룩진 안경
티셔츠 밑단으로 닦아봅니다
허공에 비쳐보고 다시 쓰면
그래도 얼룩은 간간이 남아
어느 곳은 뭉개지고
어느 곳은 선명합니다

보이는 데로 살았습니다

까만 안경을 쓰면
까만 꿈을 꿉니다
하얀 안경은 없는 건가요
하얀 꿈을 꾸고 싶습니다

용서가 안경을 닦습니다
세월이 안경을 닦습니다
밖이 보이고
아름다운 세상이 보이고
내가 아름다워집니다

찰싹

우울을
찰싹
소리도
찰지게
때리고 싶다

# 때

이제는
내가 나를 설득해야 할 때이다

# 노숙인

버려진 아이스 아메리카노
어느 노숙인이 마신다

" 이 카페 원두가 좋구나 "

## 마음 1

외로움이
사막을 만들어요
울창했던 나무들이
무심함에  말라죽었어요

마음의 인기척이 필요해

# 마음 2

나무를 심어야겠어요
어떻게 심을까요?

우선
떡볶이, 팥빙수, 하울의 움직이는 성 ost 뒹굴뒹굴하기
소식 없는 너에게 문자 보내기, 녹차라테 마시기, 박자 어긋나게 춤추기,
지나가는 사람 구경하기, 개울물에 발 담그기 등등
근심 걱정은 꼭 갈아서 흘려버려야 해요
찌꺼기가 남으면 바오밥나무처럼 커져요

이 나무 저 나무 되는대로 심어 보아요
나무가 울창해지고 오아시스가 깊어지면
아무리 외로워도
더 이상 목마르지 않을 거예요

당장
나의 사막에 나무를 심어야겠어요
급해요
119 사이렌을 울리며 심어야겠어요

# 심장

심장은 내 주먹만 하고
위는 내 발만 하고
마음은 눈꼽만 하다

마음아
심장이 아직 여유가 있으니
늦지 않게 가보렴
눈꼽보다야 낫지 않겠나!

# 밤

자는 밤을 깨워
창문을 여니
추적추적
소리도 나지막이 비가 오고 있다

"저기 비를 맞고 가는 사람은 누구니?"
밤에게 물어보았다
밤은 그 남자에게 날아가 돌아오지 않았다

밤과 함께 그 남자 사라지고
비가 와도 울고 있는 귀뚜라미와
나와 불 켜진 창만이
밤을 기다리고 있다

## 오늘 밤만은

돌아선 등을
애잔하게 만든 것도
슬쩍 너의 손에 내 손을 얹은 것도
무심히 너의 머리카락을 쓸은 것도
내 마음이 설렌 것도
너를 안아버린 것도
달님 때문이다

오늘 밤만은
너도나도
달님에게 미뤄버리자

# 말의 죄

내 입에 추를 달아
다물어진 입

말없이 듣고 만 싶다

추의 무게만큼
말의 무게는
죄의 무게

차라리 벙어리가 되고 싶다

## 취해 봄

이른
봄바람에 취해
벤치에 누우니
햇살도
봄인 양
내게 누웠다

마스크를 쓰니
하나도 안 부끄럽다

# 산 넘어 남촌에서 온

봄 처녀
연분홍 치맛바람에
동장군
스르르 녹아 버렸네

## 그리움

가을이라
그리움이 번져 하늘을 보니
두 눈이 호수가 되었다

## 아침에 뜬 오리온 별자리

아침에 보내온 사진 한 장
지난밤 하늘을 수놓은 오리온 별자리
꿈을 위해 꿈을 꿀 시간도 없었구나
밤새 밤새
별처럼 빛났구나
태양이 중천에 떠도
너의 꿈 덕에
세상이 온통 별천지였다

# 바람

까르르 웃는
너의 웃음소리
여린 버들잎 일렁이고
강아지풀 꼬리가 흔들리며
까만 머리카락 나부끼고
푸드득 참새떼 날아가는 그 찰나
나는 알아버렸네

이 바람이 어디에서 시작되는지

# 별과 나

안녕
손을 흔들어 내 있는 곳을 알려주었다
눈을 반짝이며 내 마음도 보여주었다
어두운 밤 점점 다가와
가슴에 콕 박혀버린 별

별과 나

사랑에 빠진 것 같아
눈을 감아도 눈이 부셨다

## 불면증

어둠도 소리 죽여 고요한 밤
눈 깜박이는 소리가 시끄러워
밤을 꼴딱 새였다.

## 보통의 밤

이불 속 네발 내발 속닥속닥 간지럽히고
이불 위 올망졸망 바구니 귤 까먹으며
이마 맞대고 조곤조곤 속삭이면
창문 넘어 눈송이 소복 소복 정다운
별일 없이 어느 눈 내리는  보통의 밤

## 수취인 불명

너에게 편지를 쓴다

하얀 구름에
눈물을 담아
꽁꽁 얼려
한 송이 두 송이 세 송이 · · ·

너의 손이 닿기도 전에
녹아버린 눈물
길 잃은 편지
파랗게 시린 손

처마끝 고드름만이 밤새 울었다

# 한때 눈

낮부터
하늘은 하늘이기를 포기했다
층층이 구름을 쌓고
해도 고개를 돌리더니
바람까지 손을 보태
덕지덕지 구름 사이로
오랜만에
송이 다운 눈송이가 흩날리고 있다

눈이로구나
눈!

## 눈이 옵니다

눈이 옵니다
곱게 곱게
사뿐사뿐
당신 이마에 눈썹에 입술에

한 송이는 녹아서
당신에게 물들고
두 송이는 쌓여서
어깨에 살포시 앉았지요

설레는 마음이
눈 때문만은 아닙니다
뽀드득 뽀드득
발자국 때문만은 더욱 아닙니다.

그저
온 세상이 하얀 편지가 되어
내 마음을 쓰고 또 써도
여백이 남아
밤새 눈과 함께
당신을 사랑할 수 있어 서지요
곱게곱게 눈이 옵니다.

겨울이 오면 나는 살포시 너의 하얀 이마에 내려 앉는 눈이고 싶다

## 설거지

설거지를 하다
고개를 드니
오렌지색 비행기가
네모난 창문을 가로지르며 지나가고 있다

나도 모르게
손을 흔들어 주었다

## 화장실 청소를 하다보니

채우고
비움의 지혜를
변기에게
배운다
네가 부처로 구나

# 똥

똥똥똥

말똥 말똥
아이의 눈은 사랑스럽고
이똥 저똥
남의 똥은 촌수를 가리고
죽을똥 살똥
아등바등 하루가 버겁고
꿈에 나온 똥은
로또를 사게 하고

강아지 똥은
주인이 있다

## 고구마

고구마를
에어 프라이어에 돌렸다
부엌
안방
화장실에도
고구마가
둥둥 떠다닌다

# 공사 중입니다

공사 중입니다
돌아가십시오
지금은 마음이 무너져
통행할 수가 없습니다
삼각형 표지판이
이마에 박혔습니다

곧
정상화될 예정이오니
양해 바랍니다
개통은 아직 미정
우회하시길
　,
　,
　.

현재
정상화되어
이 길은 폐쇄되었습니다
안녕히 가십시오

# 한숨 자요

한숨 자요
아침부터 바빴잖아요
아이스커피 한 잔에
오늘 하루를 담아보아요

한숨 자요
아직도 나누어질 내가 많아요
삼겹살에 소주 한 잔도
아직은 일러요
쌓여 있는 택배 박스처럼
오늘 보낼 일들을 잠시 미루어 놓아요

밤은 아직 멀어요

한숨 자요
바뀐 건 없겠지만
그게 뭐 대순가요
오늘은 하루가 길 거예요

## 미꾸라지 같은 자아

잔잔한 호수보다
요동치는 흙탕물이 좋다
그 안에
내가 움직이고 있기 때문이다.

# 나만

나만 그립고
나만 심심하고
나만 궁금하다

# 등급

표준화되지 못한 기준
너무나 개인적인
상처도
등급이 있다

# 달과 나

달이 떴어요

저기 저 달 좀 보세요
저기 저 달 좀 보세요

둥글고 커다란
날 닮은 달
보름달이 떴어요

어머 저 아이 좀 봐
저기 저 아이 좀 봐

둥글고 뽀얀
나를 닮은 얼굴
웃음꽃이 화알짝 폈네

달과 나는
마주 보고 웃었어요

# 핑계

구름이 낮게 깔려
회색이 덕지덕지 붙은
물먹은 솜마냥
금방이라도
울음이 터질듯한
태풍전야 같은
하늘 때문에
그래

## 자식

심고 키우고
그러나
내 것이 아니고
자식이
딱
그렇더라

# 안개

하루 종일 흐린 하늘 밑
나무도 길도 앞서가는 뒷모습도
회색에 물들어
우울이 한껏 내려앉았다

낮도 밤도 아닌
죽도 밥도 아닌
하늘도 땅도 아닌
무수히 작은 점들로 경계가 사라진 오늘

어스름한 시각
전조등 하나 둘 켜지면
사라졌던 길들 반짝반짝 선을 잇고
별처럼 내려앉은 불빛에
젖은 우울을 말리며
빨간 사과 한 봉지 사들고
집으로 돌아가는 길

느려도 가야겠다
어여 어여 가야겠다

# 싱크홀

" 엄마 "
  ,
  ,
  ,
" 나는 나를 알아가는 중이야 "

딸의 뜬금없는 말에

' 나를 안다는 것이 무엇일까? '
' 나는 너를 알고 있을까? '
' 나는 나를 알고 있을까? ' . . . . . .

느닷없이 발밑이
푹
꺼졌다

제 2 부

## 나의 길

늦지도 이르지도 않았어요
지금 이 순간이 딱 적당해요
정해지지 않은 하루
나의 길은 하루하루 달라요
오늘 하루 만큼 씩만 만들 거예요
희망을 가져봐요

가끔은
토끼처럼 한숨 자고 가도 괜찮아요
거북이마냥 느릿해도 괜찮아요
당신의 길과 나의 길은 달라요
만약
우연히 같은 방향을 향하고 있다면
망설이지 말고
반갑게 안아주세요

## 엄마에게 우리는

엄마에게 우리는
달팽이 껍데기 같은 거였다

우리를 두고 가라는 것은
가시덤불 그 여린 맨 살로 기어가라는 것이었고

새로운 삶을 찾으라는 성화는
가진 것을 다 내놓으라는 폭력이었다

엄마에게 우리는
메마른 사막에 약속된 오아시스였으며
잃어버린 에덴의 선악과였다

6.25사변으로
부모 없이 자라
비극이 되어버린 삶에 대한
완고한 복수였다

## 매순간 내가

나 다울 수 있는 건
나에게 솔직하기 때문이지
나에게 솔직할 수 있는 건
내가 나와 친하기 때문이야

내가 나와 친할 수 있는 건
못난 나도 사랑하기 때문이지
못난 나도 사랑할 수 있는 건
내가 너무 불쌍해서야

내가 나라서
너무 안타깝고 안타깝고 안타까워
저 깊은 우물 속
안타까운 나를 사랑하기 때문이지

## 창아리 없는 년

나다
그 창아리 없는 년이,

속도 없고
창도 없고
약지도 못하고
그렇게 당해 놓고도

궁금해서
전화를 할까 말까 하는
엄마 말대로
참
창아리도 없다

# 벗은 몸

서둘러 물기를 닦다가
문득
거울의 낯선 몸
벗은 몸이
나를 쳐다보고 있다

벗은 몸이 말을 건다
"너를 처음 보았다"
고개를 숙이고
벗은 몸이 말을 건넨
낯선 몸을 본다
나를 본다

영화 속 낯 뜨거운 부러움은
아이 둘을 먹였던 젖가슴과
허리라고 표시한 배꼽
열정이 숨어버린 여성성으로 사라져 버리고
타인의 시선에서 재단했던 나약한 의지를 버리니
별 볼일 없는 나의 벗은 몸이
젊은 시절보다 더 소중해 보였다
안쓰러워 보였다

나를 보았다
이제야
편해 보였다
물기를 닦던 손이
사랑스러운 몸을 닦는다
시선을 거두고
옷을 입는다

# 삶이

참 모질다
가난은 가난을 더 좋아하고
불행은 막다른 골목길에서
아가리를 떡 하니 벌리고 있다

(치매 아버지 주검을 냉장고에 넣었다는 지적장애 아들)

이 비극의 시작을 거슬러 올라가 보면
천지창조에 닿는 어림 진작에
신은 뭐라 이야기할까
어디에도 신의 배려라곤 없는 이 현실에
결국은 신이 없다고 정의를 내릴 수밖에 없는 것일까
비는 세상 모든 것을 깨끗이 씻을 것처럼 오지만
세상 어느 곳은 흔적도 없이 사라진다
그래도 살아남아야 하는 삶이라니

남아있는 삶이
참 모질다

# 내 뒤에 있어라

불행아
너는 내 뒤에 있어라
나는 행진곡의 볼륨을 높이고
액셀레이터를 밟아
RPM의 심장소리로 달려갈 것이다

불행아
너는 내 뒤에 있어라
나는 이사도라의 스카프를 날리며
끝이 없는 아우토반의 점을 향해
브레이크 없이 달려갈 것이다

기름도 떨어지고
스카프도 떨어지고
아우토반도 끝날 때쯤
내 너의 얼굴을 보고 반갑게 안아줄 터이니

나를 보고자 한다면
나를 만나고자 한다면
내 옆도 아닌 내 앞도 아닌
내 뒤에 있어라

# 나의 선택이 아니다

불행은
오는 것인가 가는 것인가 그대로 존재하는 것인가

불행을
왜 불행이라 부르는 것일까?
불행의 기준은 무엇인가
0 은 어디에 있는가
불행은 비극인가
불행은 악인가

불행은 선택인가 필연인가 우연인가

나에게 불행은
단지 봄 여름 가을 겨울처럼
어느 날은 웃고
어느 날은 울고
어느 날은 어렵고
어느 날은 숨 쉬는 것처럼 편하고
어느 날은 아프다

나는 불행을 선택하지 않았다
불행도 나를 선택하지 않았다

# 목이 말라

벌컥벌컥 바닷물을 다 마셨네
몸에 지느러미가 나고
아가미가 생겨
바닷물이 나를 삼켜버렸네

목이 말라
물속인데
목이 말라

목이 마르면 물고기는 무얼 마셔야 하나
부레는 부풀고
허연 배는 하늘을 향하고 있어
바닷속 사막이 자라고 있네

# 양말

방구석 구겨진 양말 한 켤레
발가락으로 꼬물꼬물
벗어 버렸지

천금 같은 나를 이고
이 바닥 저 바닥 쓸고 다니며
추울까 온몸으로 감싸 안은 너는
나의 찐 사랑

너덜너덜 너를 벗고
나달나달 나를 벗어
너는 세탁기로
나는 이불 속에서
다시 태어난다

새 아침
새 양말
새 기분
오늘 또 하루를 부탁한다
나의 찐 팬 양말아

## 흔들림에 대하여

땅
단단했던 땅이 물컹거린다
집이 흔들린다
어쩌면
그 땅은 늪이었는지도 모른다
모래를 붓고 흙을 덮고 두발로 다져도
미리
알았더라면 다른 곳에 집을 지었을까
내가 늪인 것을
그 위에 사다리로 집을 지었다

늪에서는
늪에서는 흔들리는 것이, 불안정한 것이 정상이다
내가 착각하고 있었을 뿐
산도 있고 들도 있고 바다도 있고 늪도 있다
나뭇잎도 흔들리고 출렁 다리도 흔들리고 나도 흔들린다
그렇게 흔들거리며 산다
그렇게 흔들리는 집도 있다

## 그날이 그날인가?

그날이 그날이고
그말이 그말이고
그사람이 그사람일 때
나는 나일까?

그날이 그날이래도
그 날은 한 번 뿐이고
그말이 그말이래도
그 말은 허공으로 사라졌고
그사람이 그사람이래도
그 사람은 다른 우주다

새털 같은 날이 많다 해도
새털도 다 자기 자리가 있고
지나간 말은 허공에서 맴돌아 돌아오지 않으니
시간도 흘러가는 강물이라 돌이킬 수 없더라

나도 변하는 것을
그날이 그 날인 날은 없다

# 이유

창밖에 아이가 울고 있다
이어서 매미도 운다
안에서 나도 운다

아이는 우는 이유가 있겠지
매미도 우는 이유가 있을 거야
나도 우는 이유가 있다

막지 마라
이유 없는 울음이 어디 있으랴
울고 나야
실컷 울어야 되는 일들이 있다
두 다리 쭉 뻗고 엉엉 울어야 되는 일들이 있다

다 울고 나면
그 이유 같지 않은 이유들은
눈물에 쓸려 돌아오지 않는다

울어라
울어라
목청껏
실컷 울어라

# 지하철 2호선

그땐
돌고 돌아
제 자리로 올 수밖에 없는
뫼비우스의 띠처럼
지하철 2호선은
출구 없는 스무 살 같았다

어둠이 내리고
신대방역을 지나갈 때면
무수히 떠 있는 붉은 십자가
전철 속 포개진 사람들 사이로
죄의 고백과 부질없는 희망을 기도하면
거룩한 세상은
네온사인에 깜박이고
그 많은 십자가 어디에도 신은 없었다

내려야 할 곳도 없고
돌아야 할 이유도 없었던
20세
지하철 2호선
나에겐 녹색의 피가 흐르고 있었다

# 청량리

일요일 저녁 일곱시 미사를 마치고
차가운 담을 마주 서서
담 너머 들려오는 웃음소리는
어느 드라마 속 이야기

기댈 곳 없는 내가
무작정 버스에 올라타
공덕동을 지나
만리동을 지나
동대문을 지나

어둠 속
도시의 불빛은 온기도 없어
용기 낸 가출의 종착점 청량리역
더 이상 가면 안 될 것 같아

막차를 타고 되돌아가는 길
익숙한 담만 안도하는
나만 아는
내 인생의 갈림길 이였다

## 그때 왜 나는 같이 울지 않았을까?

고민하다

내가 너와의 울음 접점을 찾지 못해 집어 든 '슬픔을 공부하는 슬픔'을 읽을 때 쾅 하며 닫히는 문조차 너의 가을 코트 옷자락을 잡지 못했던 그 순간 창밖으로 날아가는 비행기의 울음은 천둥과도 같았다
반복되는 페이지 위로 어제 마시던 탄산수의 노란 플라스틱 뚜껑만이 뒹구는 일요일 아침 찬 바람만이 등짝을 후려친다.

공부하는 슬픔은 얼마나 슬퍼야 할까?

# 모순 덩어리

들어보세요
나는 모순 덩어리예요
좋으면서 싫고, 싫으면서 좋은

엄마를 닮았을까요
아빠를 닮았을까요
하느님의 모상대로 만들었다는데
하느님을 닮았을까요

나는 혼자가 편해요
편하면서 외롭고, 외로워서 그립죠
마음을 보여주기 싫지만
몰라주어 서운하기도 해요

나는 망원경처럼 초점을 맞추다가
눈이 마주치면 화들짝 놀라
어쩔 줄 모르는
뜨거운 감자를 쥔 손이예요

이해해도, 이해하지 못해도
괜찮기도, 괜찮지 않기도 하죠
들어주지 않아서 차라리 다행이예요
다행이라서 우울해요

# 나는 매일 죽고 매일 산다

흔들리는 외줄의 끝은 어디까지 인가
소멸은 사치
소멸은 이기심
나는 소멸을 소망한다

살아내야 하는 것이 이 세상의 법칙
소멸할 수가 없어
의지가 박약한 나를
오늘 창문으로 던져버렸다

목까지 차오르는 나약함에
두 손 두 발은 허수아비
펄렁펄렁 넝마 마냥 널브러져 있다
주섬주섬 껍데기를 챙겨
다시 살라고 등을 떠밀어 본다

오늘은 죽었지만, 내일은 살아라
내일도 정 못 살겠으면
던져버리고 다시 주워 담아
살고 죽고, 죽고 살고
그러다 보면 한 생도 다 끝나겠지
나는 매일 죽고 매일 산다

# 초대장

초대합니다

오늘 하루
중력만큼 무거웠던 걱정은
카운터에 맡기시고
신발은 벗고 맨발로 입장하시기 바랍니다

당신을 위해
산들 바람과 맑은 물소리
달콤한 디저트와 넉넉한 웃음
구름 쿠션과 포근한 잠도 준비되어 있습니다
원하시면 언제라도
가장 행복했던 시간으로 여행할 수도 있습니다
가실 때
맡기신 걱정은 분실될 수도 있으나 책임은 지지 않습니다

저의 집으로 오세요
걱정 없는 집으로
당신을 초대합니다

# 등나무

공원 쉼터 의자 위
등나무가 얽히고설켜
그늘을 만든다

너는 나에게 얽혀 있어라
나도 너에게 설켜 있으리

서로 쉼이 되자
서로 그늘이 되자

# 일기

우리의 오늘을 폄하하지 말자
일상의 반복을 아무것도 아니다 하지 말자
우리의 소소한 움직임을
느린 걸음이라 의기소침해 하지 말자
언젠가는 보상받으리
우리가 기대했던 것 이상으로
너와 내가 꿈꾸었던 것 이상으로
이미 변화는 시작되었다
우리가 하는
오늘 모든 일들이
변화의 시작임을 알고 믿고 가자

## 갈대의 한마디

바람에 흔들흔들
갈대가 춤을 춘다

우뚝 솟은 아파트를 보고
한마디 던진다

야 철근덩어리~
너도 나처럼
춤 출수 있냐

갈대의 시답잖은 시비에
지나가는 바람이
머무는 햇살이
오줌 싸는 강아지가 웃는다

나도 따라 웃는다

# 9월 어느날

까치를 만났다
발그레 떠오르는 태양을 만났고
양손을 열심히 흔들며 걷는 백발성성 할머니도 만났다
푸드득 푸드득
소리 높여 노래하는 텃새도 만났고
부엉부엉
멀리서 아침 인사를 하는 부엉이도 만났다
뒤뚱뒤뚱
코앞에서 걸어가는 산비둘기도 만났고
짤룩한 허리에 한껏 엉덩이를 부풀린 개미도 만났다
대롱대롱
아직 이슬을 털어내지 못한 풀숲에서
귀뚤귀뚤
노래하는 귀뚜라미도 만났다
이른 새벽부터 만난 이웃들의 기척에
나도 풍경이 되어
새벽에 물들었다

9월 어느 날 새벽 산책을 했다

# 주례사

검은 머리
파뿌리가 되기 전에
파김치가 되었다

## 책의 순기능 중의 하나

읽기만 하면
그렇게 졸려

책 속에서
글자들이
죄 다 나와

양들처럼
울타리를 뛰어 넘나봐

# 선인장

나는 너를 안을 수밖에 없다

가시가 온몸을 덮어도
내 가슴은 오직 너를 위한 것
나는 오아시스를 품은 사막
너의 가시는 솜털

내 심장은
기꺼이 피를 흘릴 준비가 되어있다

안겨라
두려움 없이
사랑하는 아이야
꽃을 피워라
붉은 꽃을 피워라

# 그리다

네가 보이지 않아
나는 그림을 그린다

하얀 도화지에
너를 그리고
색연필을 골라
너의 마음을 색칠해 본다

너를 그렸는데
나를 그렸구나
너를 보고자 했는데
나도 보이지 않았구나

너는 나를 깨닫게 하는 기도
너는 나를 애달프게 하는 사랑이다

# 돌덩이

하나하나
염원이 모여
탑을 이루고
언덕을 이루고
산을 이룬다

기적은
돌덩이 하나에서도 시작된다

# 나무

사과를 주어도 울고
그네를 태워도 울고
집을 주어도 울고
이제는
줄 게 없어
내가 운다

# 늙은 발

발이 시려
이불 밑 더듬더듬
다른 발을 찾아 나선다

시린 발을 데워줄
늙은 발이 있어
뜨거웠던 밤보다
더 따뜻한 밤이다

## 친구

어릴 적 친구는
나이가 들어도
항상 그 시절 이라
30대에 만나도 19세
40대에 만나도 19세
50대에 만나도 19세
평생 늙지 않는 마법이다

# 이리도 좋구나

개구리야 그리도 좋으냐
비 오는 소리가
밤새 지칠 줄 모르고
노래를 하는구나

비야 그리도 좋으냐
개구리 노랫소리가
차고 넘치도록
동그라미를 그리며 오는구나

창을 열고
후드득후드득 빗방울에 얼굴을 적시고
개굴개굴 노랫소리에 귀를 적시니

이리 좋구나
비와 개구리와 나
이리도 좋구나

# 물레방아

한 시절
한창 때
항상 이기던 생이 있었다

울면 이기고
떼쓰면 이기고
밥 안 먹으면 이기고
겁 없이 맘 놓고
철없이 무조건
이기는 때가 있었다

현 시절
내가 지는 생이라

알면서도 지고
약 올라도 지고
답답해도 지는
돌고 도는 물레방아

너도 그런 시절이 오리니
맘껏 누려라

## 그녀, 고모

수재라 했다
국회의원 상도 받고
전교 1등은 도맡아 하고
아무도 그녀의 미래에 대해 의심하지 않았다

누가 삶의 키를 돌려놓았을까
교편을 버리고 신을 따라가버린 그녀
부자들의 신을 보았고
가난한 삶의 신을 만났다

돌고 돌아
고향집 처마 밑 사랑방
초대교회를 세운 고모
신을 따라 간 그녀가 신을 모시고 왔다

그리고
동창을 만나 인연을 맺고
촌부가 되어
반백살 넘어 발견한
고추 따는 뜻밖의 재능에
웃는 고모가 행복해 보였다

신을 찾고 삶을 찾은
그녀, 고모
수재가 맞았다
신은 언제나 정확하다

## 서해바다

물때를 잘 맞추어 가야 했다
서해바다
파도 치고 넘실거리는 바다가 있을 거란 믿음으로 갔다가
시꺼먼 뻘만 보고 왔다

흐린 바닷물에 감추었던 뻘이
거침없이 당당하게 민낯을 반짝이고 있다
누가 바다를 푸르다 했을까

인고의 세월
뻘의 정화
그 푸르름을 위해
거쳐야 하는 몫인 것을
뻘도 바다의 일부분인 것을

바다를 보러 갔다가
편협한 마음만 깨닫고 돌아왔다
가슴 한편에 뻘을 들이고 돌아왔다
진정한 바다를 보았다

# 당신의 손

굵고 두툼한 당신의 손
그 손에는 정이 있어요
부뚜막 온기처럼
가마솥 누룽지처럼
구수한 체온으로 말을 해요

마디마디 박힌 굳은살
무심히 잡는 손길에
마음이 보여요
길가에 핀 순박한 호박꽃 같아요

그 손 안에 슬쩍
내 손을 넣으면
둥지 안 새가 된 것 같아
자꾸만 자꾸만
머물고 싶어져요

투박하고 따뜻한 당신의 손을
나는 나는
영 영
놓을 수 없을 것 같아요

# 정년 퇴임식

광나게 닦습니다
일 년에 손꼽을 정도로만 신는 구두를
십 년 만에 장만했습니다
체크무늬 양복 한 벌
하얀 와이셔츠는 어제 다림질하고
넥타이는 미리 매듭을 묶어 놓았지요

오늘 저녁 6시 30분
화려한 파티가 시작됩니다
처음으로 열렬한 박수 속에 입장을 하고
뜨거운 인사로 퇴장을 합니다
오늘은 34년 젊은 청춘의 퇴장이요
새로운 34년 늙은 청춘의 시작입니다

# 김모씨의 사연

라디오에서
힘들었던 유년 시절을
M.C의 담담한 목소리로 고백하고 있다
이름이 없는 김모씨

그 터널을
잘 버티고 나온 스스로에게 대견하다고 칭찬을 한다
박모씨 정모씨 이모씨 최모씨 강모씨
여기저기서 손을 든다

가슴속 응어리들이
김모씨 호미질 하나에
봇물이 터져 홍수를 이루었다
보이지 않는 통곡이
상처를 쓰다듬으며 떠내려가고 있다

오늘 먹구름에도 비가 오지 않는 건
그 시간을 놓친
유모씨 홍모씨 고모씨 등등 때문일 것이다
스스로 치유할 수밖에 없는 상처
가끔은 다른 이 밥상에 숟가락을 살짝 얹어도
괜찮을 듯 싶다

# 저기 저 일꾼을 보세요

새벽아침
까만 머리에
굽은 허리로
지난 밤을 빗자루로 쓸어 버리는 일꾼을 보세요

날리는 밤 먼지도
까만 머리에 앉아
구부정 허리를 위로하는
저기 저 당당한 일꾼을 보세요

어느 아버지가
또
이 새벽
가장의 무게를 지고 나와
습관 같은 빗자루 질에
가장 젊은 오늘을 쓸어 담고 있어요

담담히 굽은 허리를 보세요
할 일 많은 검은 머리를 보세요

## 한창때는


반백의 구부정한 등
절룩거리는 걸음에 작은 키
몸짓만 한 사다리를 이고
계단을 오르고 있다

한창때는
이거는 일도 아니었겠지
사다리를 이고
남산도 올랐겠지

기울어지는 사대 육천 마디
절룩거려도
반평생 오르던 길
두 다리가 알아서 오른다

# 삶

켜켜이 박스가 쌓여있다
빗물에 젖어 넝마처럼

지금이야
폐지라는 이름으로 부르지만
본디 너는 대자연의 품에서
몇백 년의 시간을 품고 있던 주인이었거늘
살아서부터 죽어서까지
인간의 욕망을 고스란히 겪어낸 너

너는 스스로를
폐지라 정의하지 않았으면 좋겠다

# 동화

비극을 보았다

질척이는 눈 사이로 벗겨진 신발 한 짝
처마 밑 타다 남은 성냥
하얗게 얼어 버린 아이
야박한 겨울
성냥팔이 소녀
아이는 미소 짓고 있었다고 하지만
비극을 아름답게 그려 놓으니
동화가 되었다

누구를 위한 동화인가

# 제 3 부

# 사치

갑곶 성지 납골당 천국의 문 봉안당
칸칸이 바둑판처럼 촘촘히 7층까지 있던 자리
엄마는 요셉 성인 바로 옆자리 제일 비싼 그 자리
처음으로 엄마가 사치를 부렸다
죽어야 누릴 수 있는 사치
엘리베이터에는
천국의 문이라는 버튼으로 지하로 내려간다

만져보고 그 옆자리에 서 보고
" 내 죽으면 갈 곳이 있어 좋구나"
예수님을 안은 요셉 성인 옆에서
근래 들어 가장 환하게 웃으셨다.
가장 예쁜 미소로 사진 한 장 찍고
3층으로 올라가며
"엄마 개똥밭에 굴러도 이승이 좋데 "

우리 엄마 자식들에게 다 내어주고
처음으로 부리던 사치
그 사치가
그 미소가
너무나 서글퍼
애꿎은 버튼만 꾹꾹 눌렀다

## 행운

어쩌면
삶이
가장 감사할 때는
불행 중 다행 일 때이고

때로는
차차선이 최선일 때도 있고

지금 이대로 가
행운일 때도 있다

# 신앙

엄마가 내게 유일하게 하는 위로
벼는 그늘에서도 익는다
때로는
말 한마디가
신앙이 될 때도 있다

# 믿을수록 의심에 겨자씨는 크다


겨자씨만한 믿음을 신은 원하셨고
겨자씨만한 의심을 나는 심었다

# 사막

지나간 시간마저
모래 폭풍에 지워져
생과 사의 경계가 없는
그곳은
어쩌면
바람의 고향인지도 모르겠다

# 기도 1

기도는
비열한 회피이다
염치없는 구걸이고
뻔뻔한 동냥이다
기도는
막다른 골목의 절망이고
깜깜한 어둠 속의 비명이다
그럼에도 불구하고
눈물로 매달리는 간절한 바람이다
희망이고 회개이다

## 믿음이 나를 자유롭게

전등사 350년 된 은행나무
한 불자가 손을 모으고 기도를 하고 있다
절두산 순교성지
돌 성상 예수님을 보고 나는 성호를 그었다
그는 은행나무에 염원을 빌었고
나는 돌에 간절함을 청했다

신은
모든 곳, 모든 것이고
아무 곳, 아무 것이니
믿음이
나를 자유롭게 하였다

# 기적의 조건

기적에는 조건이 있다
믿음이라는 전제조건
믿음에도 조건이 있다
기적은 일어난다는 확신의 조건

어느 게 먼저일까?

기적은
늘 제3자에게서만 일어난다
풍문으로 들리는 기적에는
저 산도 옮기는 믿음이 있었다고

그리하여
기적보다는 소망을
믿음보다는 나약함을
고백할 수밖에 없다

# 기적

어쩌면 나는 기적을 그냥 아무렇지도 않게 원했는지도 몰라
그것은 앉은뱅이더러 왜 걷지 못하냐고 책망하는 것과 같은데 말이야
다들 그렇게 하니까
너도 해야지 했던 것 같아
그리고 나는 1%가 모자란다고 생각했는지도 몰라

그래서 더 힘들었을 텐데
그래도 잘 버텨주었지
그리고 매 순간 최선을 다했지
있는 그대로 바라 보라 하지만
있는 그대로 보지 못하고
그것조차 깨닫지 못했을때
어리석음은 후회와 죄책감을 몰고 오는것
아직 늦지 않았음을 깨닫는 순간이
어리석음에 대한 보속일지 몰라

이제야 뿌연 안갯속을 뚫고 나오는 진실
구태여 보고 싶지 않아 고개를 돌렸던 진실
그러나 정해진 진실
나만 인정하면 되는 진실
그리하여
너와 내가 어떻게 살아가야 하는지를 아는 궁극적인 진실

너와 내가 인연이 된 근원적인 진실
이 진실 앞에서
우리는 자유로워질 수 있다는 진실

그 진실과 마주하는 지금이
기적일지 몰라
네가 변화되는 기적이 아닌
내가 변화되는 기적이란 것

# 기도 2

걷는 것도
노래하는 것도
춤을 추는 것도
내가
숨을 쉬는 것도
다 기도다
삶을 살아가는 것
그것이 기도다

# 본능의 기도


1.

새벽이슬에
정갈히 깃털을 고르고
화음을 맞추는 새야
사랑스러운 노래를 어디서 배웠을까?
아름다운 날갯짓을 누구에게 하는 것일까?

초로롱 ~필릴리 ~꼬로롱
저마다 가장 고운 소리로
신의 새벽을 찬양하니
너희들 기도에
신도
너그러이
오늘 하루의 안위를 축복하는구나

2.

밤이면
어김없이
낮은 목소리로 노래하는 개구리야
바람을 품고 노래하는 것을 누가 알려주었을까?
밤마다 감사의 기도를 하라 누가 일러주었을까?

지휘자 손짓에 합을 맞추듯
개굴~개굴~개구르르
너희들의 합창에
신도
신발 끈을 풀고 긴 숨을 몰아쉰다

3.

새들 따라
개구리 따라
내 안의 골짜기에서 울리는 지저귐은
신만이 아는 침묵의 언어

이 순간 만큼은 간절함이 아니요
이 순간 만큼은 스스로의 연민이 아니요
이 순간 만큼은 존재에 대한 경이로움이다

무한한 신뢰의 고백이며
예수님이 차려준 제사상이 아닌
고백의 기쁨이 넘쳐나는 잔치상이니
신 앞에 마음껏 재롱둥이가 되어가는
천진난만한 기도이다

새들처럼 개구리처럼
본능에 충만한 노래이다

# 나도 그런 사람이고 싶은데

마트에 가면
손이 먼저 챙기는 것들
콩나물, 달걀, 우유, 김
붙박이처럼 냉장고에 있어
찬거리 없을 때 가장 만만하다

나도 그런 사람이고 싶은데

나는
콩나물처럼 시원한 성격도 아니고
우유처럼 부드러운 눈빛도 아니고
김처럼 편안한 사람도 아니고
달걀처럼 가운데 뭔가 한방도 없다

그래도
나는 나름 열심히 잘 살아가고 있다
우리 집 붙박이로 ~

# 용기

용기란
그럼에도 불구하고
하는것

# 신도 어느밤은 너무 깊어 늦잠을 잘 때도 있을 것이다

그리하여
태양은 지구의 손을 놓아
어느 광년 아득히 먼 곳에서 타오르고
바람은 바닷속 소용돌이에
갇혀 물결만 맴맴 돈다
숨 같던 나무들 작은 손바닥마저 오그라들고
민들레 꽃도 다 얼어 죽었다

아침이 없는 깜깜한 밤
침묵이 삼켜버린 새들의 노랫소리
거미줄에 걸려 젖은 날개마저 찢어진 노랑나비
페로몬을 좇던 개미들도 가던 길을 잃고 방황하는
이 무심한 하루의 중
아직 늦잠을 자고 계신 게지
지난밤 너무 고단하여
아침을 잊고 계신 게지

종을 울리고
자는 아기를 깨우자
젖을 달라 떼를 쓰고
세숫물을 허공에 뿌려
지난밤 죽은 아침을 깨워

잠든 신의 눈꺼풀에 들보를 세우자

다시는
다시는
잠들지 못하시리라

# 금을 밟고 서 있다

금을 밟고 서있다
이쪽도 아닌
저쪽도 아닌

어린 시절 운동장에 그리고 놀던 놀이는
금은 밟아도 다시 할 수 있는 약속이 있어서
내일 또 새로 시작할 수 있어서 좋았다

출발선 금을 밟으면 실격
도착선 금을 밟으면 완주
그 중간 어디쯤엔가 수많은 금 사이 까치발을 들고 서있다

사실 내가 그어놓은 금이었을지도 모른다
아니 내가 그어놓은 금이다
내가 그려놓은 놀이에 내가 갇혀 있다

나는 금을 밟았다
이제 나는 금을 긋지 않는다

# 4월은

4월은 벚꽃도 지고
별 같던 아이들도 덧없이 지고
가슴에 사무치는 죄스러움에
나도 지고 싶은 달이다

예수님은 찬란하게 부활하셨다는데
4월 16 일 그날 이후로
부활의 인사를 잃어버렸다
자식이 죽었는데
신의 부활이 대수냐
그것도 2000년이나 된 일을
그것도 혼자 하늘로 올라간 일을

살아도 무덤 속이고
죽어도 무덤 속이니
내 부활은 꿈도 꾸지 않으리
별을 가슴에  묻고서는
내 죽어도 부활하지 않으련다

4월이 오면
나는 죽는다
그것도 매년

# 잔의 운명은 잔인하다

이 잔은 독배인가 성배인가

그때가 되면
차라리 그 잔을 마시지 말걸 하며 후회하리라
타고난 욕심이 차고 넘치며
본성이 영악하여
수단과 방법을 가리지 않고
일신의 영화만 쫓는다면
그대들의 잔치는
썩은 음식과 넘쳐나는 죄로
수많은 젊은이와 어린아이와 여인들의 비명에도
듣지도 보지도 않는 잔인한 세월이 되리니
안타깝고 슬프다
지은 죄에 죄를 더하는 기회가 왔구나
세 살 버릇 여든 간다던 속담이 이들에게만 피해 가길
어느 날 천둥이 치고 벼락을 때려 차라리 여기서 멈추길

누가 이 잔을 그들에게 주었나
땅을 치고 후회해도 잔은 그들의 잔찻상에 올려졌고
많은 사람들의 피눈물을 마시게 되리니
다만 이들이 개과천선하는 기적을 바랄 뿐인 운명이 분하고 통탄스럽다

# 해는 넘어갔다

해는 넘어갔다

푸르름을 자랑하던 능선은
석양을 돌아앉아
끊어질 듯 이어지고 낮아질 듯 높아지며
질기고 질긴 어둠이 되었다

검은 능선 너머 해가 지는 그곳은
붉은 산이 되어 타오르고 있을까
헤드라이트를 켜고 비상등을 깜박이며
좁고 굽은 밤을 지나고 있다

기름을 채워라
가는 길이 그리 멀지 않다
해는 다시 떠오르고
검은 산들은 옷을 갈아입을 것이다

손에서 핸들을 놓지 마라
눈에서 길을 잃지 마라
마음에서 희망의 불을 끄지 마라
어둠은 검고 여명은 밝다
푸른 능선이 너를 기다리고 있다

# 검바위 함박골에서

안주인을 잃어버린 광나던 항아리
낮은 장독대 위에
이끼 끼고 금이 가 쪼란히 화석이 되어버리고
그 위 자색 목련나무 한 팔로 나지막이 그늘을 만들면
빛바랜 낡은 베저고리 같은 꽃잎 스르르 홀로지는 늦은 봄
까만 개미들 줄지어 나무에 오른다

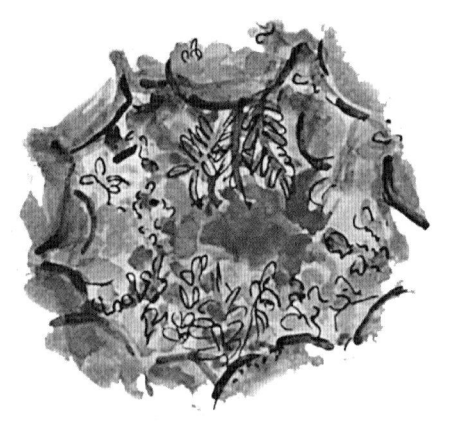

한때
두레박으로 맑은 물을 길던 우물은
한쪽 테가 무너지고
우물 속 돌 틈 사이로 들풀들 웃자라나
물그림자도 보이지 않고
흙마당 장대 꽂힌 처진 빨랫줄에
거미줄 촘촘히 그물을 짜도 낯설지 않는

아버지에 아버지가 살았고
지금은 그 아들이 홀로
병든 몸과 같이 늙어가고 있는
검바위 함박골에서
나는 한가로이
장독을 바삐 닦았을 시어머니와
부지런히 마당을 오갔을 시아버지의 그림자를
눈으로 밟는다

우물가 옆 돌나물 창포꽃 민들레 금낭화 잡초 같은 화초들
가꿈 없이 피어있고
닭 없는 닭장엔 녹슨 철망 문과 모이 그릇 뒹구는데
아직 손때가 남아 있는 하릴없는 호미와 도리깨가
긴 세월 주인이 되어 버린
번지수 있기 전 이름이 먼저 있었던 이곳에서

바람은 유유히
녹슨 양철 지붕 아래 구멍 난 낮은 흙담 사이로
세숫대야 고인 빗물에
동그라미를 그리며 지나가고
주먹만 한 하얀 수국 뭉치
올망졸망 머리를 흔들며 넘실거릴 때

나는 닳고 닳은 마루에 걸터앉아
담너머 지나가는 시간 버스 소리와
째깍째깍 홀로 바쁜 시계 초침 소리와
일사불란한 개미들 발자국 소리에
지난가을 산불로 민둥산이 되어버린 건너편 산을 바라보며
뒷산 검바위
아버지의 아버지 산소를 간 사람들을 기다린다
함박골에서

## 안부

저는 잘 살고 있습니다
그러니 아무 걱정 하지 마십시오
이유 없는 결과는 없고
답이 없는 질문도 없습니다

나의 뜻대로 당신의 뜻대로
포기는 받아들임으로
넘어짐은 쉼으로
욕심은 버림으로
희망은 지금 한 발자국의 시작으로
그리고 이 모든 것에 사랑이 있다는 힌트도 얻었지요

50년을 풀어온 문제
50년 전보다는 머리가 커졌습니다
주머니 속 시간이 얼마나 남았는지 모르지만
괜찮을 것 같습니다

남겨진 질문들은
남은 이들이 풀겠지요
제 앞에 놓인 이상을 가늠하며
걸어온 만큼 걸어가겠습니다
저는 괜찮습니다 당신도 괜찮으시죠
평안을 기원드립니다.

# 할 수 있는 것들에 대하여

할 수 있는 게 걷는 것 밖에 없다
걷는 것도 할 수 있다
할 수 있는 게 숨 쉬는 것 밖에 없다
숨 쉬는 것도 할 수 있다
할 수 있는 게 바라보는 것 밖에 없다
바라보는 것도 할 수 있다
할 수 있는 게 들어주는 것 밖에 없다
들어주는 것도 할 수 있다
할 수 있는 게 버티는 것 밖에 없다
버티는 것도 할 수 있다

할 수 있는 게 참 많구나

## 한끗차이

인생은

한끗차이

깨달았느냐

깨닫지 못했느냐

# 큰소리 떵떵

세상아

너는

나에게

상처를 줄 수 없다